THÉATRE DE L'ACADÉMIE IMPÉRIALE DE MUSIQUE.

LA

NONNE SANGLANTE

OPÉRA EN CINQ ACTES

Paroles de MM. SCRIBE et GERMAIN DELAVIGNE

MUSIQUE DE M. GOUNOD

Représenté, pour la première fois, à Paris, sur le théâtre de l'ACADÉMIE IMPÉRIALE DE MUSIQUE, le 9 octobre 1854

PRIX : 1 FRANC

Paris

BECK, LIBRAIRE, RUE DES GRANDS-AUGUSTINS, 20

1854

LA NONNE SANGLANTE

OPÉRA EN CINQ ACTES

PAROLES DE

MM. SCRIBE et Germain DELAVIGNE

MUSIQUE DE M. GOUNOD

Représenté, pour la première fois, sur le théâtre de l'ACADÉMIE IMPÉRIALE DE MUSIQUE, le 9 octobre 1854

PARIS
MADAME JONAS, LIBRAIRE DU THÉATRE IMPÉRIAL DE L'OPÉRA

—

1854

PERSONNAGES.	ACTEURS.
LE COMTE DE LUDDORF	MM. MERLY.
LE BARON DE MOLDAW	GUIGNAUT.
RODOLFE, fils du comte de Luddorf	GUEYMARD.
AGNÈS, fille du baron de Moldaw	Mlles POINSOT.
URBAIN, page de Rodolfe	DUSSY.
PIERRE L'ERMITE	M. DESPASSIO.
AGNÈS, la Nonne sanglante	Mlle WEIRTEMBERGER.
FRITZ, jeune fermier	M. AYMÈS.
ANNA, sa fiancée	Mlle DAMERON.
NORBERG } amis du baron de Moldaw ARNOLD	KOENIG.

Chevaliers, Soldats, Vassaux de Luddorf et de Moldaw, Paysans, Paysannes.

TROISIÈME ACTE.

Valse. — MM. Libersac, Caron, Raimon, Duhamel, Jeandron, François; Mlles Buisson, Ribon, Herivaut, Giraut, Chefevre, Chassagne.

QUATRIÈME ACTE.

Pas de Deux. — M. Beauchet; Mlle Nathan.
Pas de Trois. — Mlles Robert, Bagdonoff, Fournier.
Pas de Deux. — M. Mérante; Mlle Legrain.
Valse villageoise. — Mlles L. Rousseau, Gaujelin, Danfeld, Cretin, Poussin, Dujardins, Herrivaut, Buisson, Baupérin, Troisvallets, Mercier, Revolte, Simon, Mathet, Cellier, Inemer; MM. Millot, Charansonnet, Raimon, Jeandron, Goethols, Lagrous, Monjallet, Caron, Duhamel, Libersac, François, Meunier.
Musiciens. — MM. Duhamel. — Barbier, Leroy, Duport, Masne, Pisarello. — Bertrand. — Gabillot.

La scène se passe aux environs de Prague, dans le château de Moldaw, en Bohême, vers le onzième siècle.

AVIS. — Nulle traduction de cet ouvrage ne pourra être faite sans l'autorisation expresse et par écrit des auteurs, qui se réservent en outre tous les droits stipulés dans les conventions intervenues ou à intervenir entre la France et les pays étrangers en matière de propriété littéraire.

LA NONNE SANGLANTE

OPÉRA EN CINQ ACTES

Paroles de MM. SCRIBE et Germain DELAVIGNE

MUSIQUE DE M. GOUNOD

Représenté, pour la première fois, sur le théâtre de l'ACADÉMIE IMPÉRIALE DE MUSIQUE, le 9 octobre 1854.

ACTE PREMIER.

Le théâtre représente le château de Moldaw. — Par une brèche faite à la muraille, le comte de Luddorf et ses chevaliers viennent de s'élancer portant des glaives et des flambeaux. — Le baron de Moldaw, debout, l'épée à la main, et suivi de ses vassaux, vient de repousser une partie des assiégeants. Il tient sous ses pieds un des principaux chefs, tandis que le comte de Luddorf lève sa hache d'armes sur un des assiégés, qu'il a renversé. — Une partie du château est en flammes, tandis que des galeries supérieures, les vassaux du baron s'apprêtent à faire pleuvoir le fer et le feu sur leurs ennemis. — En ce moment, au milieu des flammes qui déjà s'élèvent, et au milieu des combattants, un moine, vêtu d'une robe blanche et tenant une croix à la main, paraît sur la brèche : c'est Pierre l'Ermite.

SCÈNE PREMIÈRE.

LE BARON DE MOLDAW ET SES VASSAUX, LE COMTE DE LUDDORF ET SES CHEVALIERS ; PIERRE L'ERMITE, *s'élançant entre les combattants.*

PIERRE.
Arrêtez, chrétiens ! arrêtez !
Craignez la foudre qui s'apprête
A frapper vos fronts révoltés !
TOUS, *s'arrêtant avec crainte et respect.*
Pierre le saint anachorète !
Pierre l'Ermite !

PIERRE.
Oui, Pierre qui maudit
Vos haines de famille et cette guerre impie
Dont la Bohême entière et s'émeut et frémit !

Bas les armes, chrétiens ! que chacun se rallie
(*Montrant la croix qu'il tient à la main.*)
A ce saint étendard, par qui Dieu m'a conduit !
(*Les combattants s'éloignent les uns des autres et baissent la tête, mais tiennent encore leurs glaives dans leurs mains.*)

PIERRE.
AIR.
Dieu puissant, daigne m'entendre,
Et d'un céleste rayon
Dans leurs âmes fais descendre
La clémence et le pardon !
(*Aux combattants.*)
Avant que le ciel ne tonne
Courbez vos fronts prosternés,
Et pour que Dieu vous pardonne,
A vos frères pardonnez !

ENSEMBLE.

PIERRE.
Dieu puissant, daigne m'entendre,
Et d'un céleste rayon
Dans leurs âmes fais descendre
La clémence et le pardon !
TOUS, *se prosternant.*
C'est Dieu que je crois entendre;
C'est un céleste rayon
Qui dans mon cœur fait descendre
La clémence et le pardon !
(*Ils jettent tous leurs armes ; le comte et le baron s'empressent autour de Pierre.*)

PIERRE.
Si longtemps ennemis, jurez vous d'être frères!

LE COMTE ET LE BARON.
Mon père, qu'il soit fait ainsi que Dieu l'a dit!

PIERRE.
Pour éteindre à jamais ces haines centenaires,
Voici ce que ce Dieu, par ma voix, vous prescrit :
Vous ne formerez plus qu'une même famille !
Vous, baron de Moldaw, donnerez votre fille,
Agnès, à Théobald...
(*Montrant Luddorf.*)
L'aîné de ses deux fils.
(*Le baron et le comte étendent tous deux la main.*)
Vous le jurez?... c'est bien!... que vos cœurs soient
(*Leur prenant les mains qu'il joint.*)   [unis...
Comme vos mains!...
(*Avec exaltation.*)
Chez l'Infidèle,
O vaillant Théobald, pour la croix tu combats!...
Et demain, mes amis, nous suivrons tous ses pas!

CHŒUR.
Oui, tous!

PIERRE.
(*Cabalette de l'air.*)
C'est Dieu qui vous appelle ;
C'est contre l'Infidèle
Qu'il faut, dans un saint zèle,
Marcher et vous unir !
A ceux qui savent croire,
Dieu promet, pour victoire,
La palme de la gloire
Ou celle du martyr!
Oui, vers vous du Jourdain, les tribus opprimées
Étendent leurs bras suppliants ;
Marchons à leur secours, et le Dieu des armées
Conduira nos pas triomphants !

CHŒUR GÉNÉRAL.

C'est Dieu qui nous appelle ;
C'est contre l'Infidèle
Qu'il faut, dans un saint zèle,
Marcher et nous unir !
A ceux qui savent croire,
Dieu promet, pour victoire,
La palme de la gloire
Ou celle du martyr !
(*A la fin de cet ensemble, on entend un bruit de marche.*)

LE BARON DE MOLDAW.
Quel est ce bruit?

LE COMTE DE LUDDORF.
C'est la marche guerrière
Des Luddorf courant aux combats !
Mon second fils, Rodolfe, au secours de son père,
Amenait de nouveaux soldats !

LE BARON DE MOLDAW.
Il assistera, comte, à l'hymen de son frère !
(*Donnant la main au comte.*)
Venez ! à mon Agnès je veux
Apprendre le lien qui nous unit tous deux !
(*Aux soldats de Luddorf.*)
Et vous, amis, aux combats faisant trêves,
Entrez, avec sécurité,
Dans ce château, que défendaient nos glaives,
Et qui vous est ouvert par l'hospitalité !

CHŒUR DE SOLDATS.

Compagnons, bas les armes !
Plus de sang ! plus de larmes !
Pleins d'un joyeux transport,
Buvons... chantons en frères ;
Et que le choc des verres
Succède aux cris de mort!
(*Ils entrent tous dans l'intérieur du château.*)

SCÈNE II.

PIERRE, *puis* RODOLFE.

RODOLFE, *entrant vivement et regardant autour de lui la tour, qui dans ce moment est déserte.*
Nos ennemis vaincus ont fui loin de ce lieu !
La victoire est à nous !

PIERRE.
La victoire est à Dieu !
La paix va, grâce à lui, succéder au carnage !

RODOLFE, *avec joie.*
Quoi ! la paix?...

PIERRE.
Oui ; la main d'Agnès en est le gage.

RODOLFE, *troublé.*
Ah ! grand Dieu !

PIERRE.
Votre frère, au retour des combats,
Doit l'épouser !

RODOLFE.
Cela ne sera pas !

ROMANCE.

PREMIER COUPLET.

En vain la discorde inhumaine
Habitait ce sombre séjour ;

ACTE I, SCÈNE III.

Mon cœur, à leurs serments de haine,
Répondait par des vœux d'amour !
(*Avec chaleur.*)
Agnès, ma douce idole !
Ange qui me console,
On prétend que j'immole
L'espoir que j'ai formé !
(*Avec exaltation.*)
Non, non, plutôt la guerre,
L'exil et la misère...
(*A Pierre.*)
Car je l'aime, mon père !
Je l'aime et suis aimé !
PIERRE.
Qu'as-tu dit ?
RODOLFE.

DEUXIÈME COUPLET. (*Plus animé.*)

Contre moi, le courroux céleste
A formé ces nœuds que je hais !
Malgré moi, déjà, je déteste
Ce frère qu'autrefois j'aimais !
Si l'âme de ma vie,
Mon père, m'est ravie,
Si par la tyrannie
Mon cœur est opprimé,
D'un père et du ciel même
Je brave l'anathème !
Car je l'aime... je l'aime...
Je l'aime et suis aimé !
PIERRE.
Amour coupable que j'abhorre !
RODOLFE.
Qui veut contraindre Agnès est plus coupable encore !
PIERRE.
Et le salut de tous, et la voix du devoir...
RODOLFE.
Est muette en un cœur en proie au désespoir !
(*Pierre le prenant par la main avec compassion, et l'amenant au bord du théâtre, sur la ritournelle du morceau suivant.*)

DUO.

PIERRE.
Dieu nous commande l'espérance,
Et Dieu vous soutiendra, mon fils !
On est fort contre la souffrance
Quand on souffre pour son pays !
RODOLFE, *avec désespoir.*
C'est contre moi qu'ils ont tourné leurs armes...
PIERRE.
A sa patrie, il faut tout immoler !
RODOLFE, *de même.*
Que me restera-t-il ?
PIERRE.
Moi, pour sécher les larmes
Que l'amour aura fait couler !

RODOLFE.
Rien ne calme les maux dont mon cœur est victime !
PIERRE.
Ici-bas, excepté du crime,
De tout on peut se consoler !

ENSEMBLE.

RODOLFE.
Non, non, en proie à la souffrance,
Je ne puis suivre vos avis !
Et désormais, sans espérance,
Mes jours sont proscrits et maudits !
PIERRE.
Dieu nous commande l'espérance,
Et Dieu vous soutiendra, mon fils !
On est fort contre la souffrance
Quand on souffre pour son pays !
(*Pierre sort par la droite. Rodolfe tombe anéanti sur un quartier de rocher. Agnès sort de l'intérieur du château.*)

SCÈNE III.

RODOLFE, AGNÈS.

AGNÈS, *s'avance timidement, aperçoit Rodolfe et pousse un cri.*
Rodolfe !...
RODOLFE, *levant la tête.*
Agnès !...
(*Courant à elle et l'amenant par la main.*)
Dans tes yeux pleins de larmes,
Ah ! je lis ton sort et le mien !
Tu sais tout !
AGNÈS.
Oui !... oui... la vie est sans charmes
Pour ce cœur abattu, qui n'espère plus rien !

DUO.

Mon père, d'un ton inflexible,
Hélas ! a proscrit nos amours !
Et dans ce ciel sombre et terrible,
Pour nous il n'est plus de beaux jours !
RODOLFE.
A l'amour, rien n'est impossible !...
Si ton cœur m'appartient toujours,
Pour nous, le ciel sombre et terrible,
Conserve encor quelques beaux jours !
AGNÈS.
Au malheur comment nous soustraire ?
RODOLFE.
Tous les deux fuyons dès ce soir...
AGNÈS.
Braver l'autorité d'un père !...
RODOLFE.
Tout est permis au désespoir...

Sous le rempart du nord, quand la nuit sera sombre,
Je t'attendrai !
   AGNÈS, *tremblante.*
  Non, non !
   RODOLFE.
  A minuit !
   AGNÈS, *avec effroi.*
     A minuit !
   RODOLFE.
Quoi ! tu frissonnes ?...
   AGNÈS.
     Cette nuit
Est celle où tous les ans son ombre
Parcourt ces murs épouvantés.
   RODOLFE.
Quelle ombre ?
   AGNÈS.
    Écoutez ! écoutez !
Avant minuit, les portes sont ouvertes
Pour le fantôme en habits blancs ;
La Nonne sanglante, à pas lents,
Traîne ses pieds sur les dalles désertes.
Dans l'ombre on l'entend s'avancer ;
La foudre roule, l'air se glace !
Respectez la Nonne qui passe !
Vivants, laissez la mort passer !
   RODOLFE.
Comment ! tu crois à cette fable ?
   AGNÈS.
Rodolfe, en vain vous en doutez,
On l'a vu, ce spectre effroyable !
   RODOLFE.
Erreur !
   AGNÈS.
   Écoutez ! écoutez !
Sur ses habits, le sang tombe et ruisselle ;
Son œil est fixe et sans regard ;
Sa main droite tient un poignard,
Et dans la gauche une lampe étincelle.
Livide on la voit s'avancer ;
La foudre roule, l'air se glace :
Respectez la Nonne qui passe !
Vivants, laissez la mort passer !
   RODOLFE.
Et tu peux croire à cette fable ?...
   AGNÈS.
Rodolfe, nous y croyons tous :
On l'a vu, ce spectre effroyable...
Eh bien, que me répondrez-vous ?

   ENSEMBLE.

   RODOLFE.
A l'amour rien n'est impossible !
Si ton cœur répond à mon cœur,
Dans cette nuit sombre et terrible,
Pour nous peut briller le bonheur !
   AGNÈS.
Non, non ! du destin inflexible
N'allons point braver la rigueur !
Redoutons la Nonne terrible
Dont le nom seul porte malheur !

   RODOLFE.
Cette fable qui t'épouvante
Nous sauve, si tu veux te fier à ma foi !
   AGNÈS.
Je devrais mon bonheur à la Nonne sanglante
Non, non !
   RODOLFE.
  Agnès, écoute-moi !
Lorsqu'à minuit les portes sont ouvertes,
En habits blancs, l'œil sans regard,
Tenant la lampe et le poignard,
Ose marcher sur les dalles désertes !...
Quand ils la verront s'avancer,
Fais, grand Dieu ! que l'effroi les glace ;
Grand Dieu ! c'est mon Agnès qui passe !
Sous tes ailes fais-la passer !
   AGNÈS.
Braver le spectre au sortir de sa tombe !
   RODOLFE.
  Mais ce spectre n'existe pas !
   AGNÈS.
Je crois me sentir dans ses bras !
En y pensant, de terreur je succombe...
   RODOLFE.
  Si tu m'aimes, tu l'oseras !

   ENSEMBLE.
   (*Strette du duo.*
   RODOLFE, *vivement.*
  O toi que j'adore !
  O toi que j'implore !
  Bien avant l'aurore
  Il faut fuir tous deux !
  L'amour, qui m'inspire,
  Saura nous conduire.
  Consens, ou j'expire
  D'amour à tes yeux !
   AGNÈS.
  Mon cœur, qui t'adore,
  Te prie et t'implore !
  Quand viendra l'aurore
  Fuis seul de ces lieux !
  Tu vas me maudire...
  Et dans mon délire
  Je t'aime !... et j'expire
  De crainte à tes yeux !
   AGNÈS.
Jamais !
   RODOLFE.
  A tes genoux je tombe !
   AGNÈS.
Jamais !
   RODOLFE.
  Surmonte cet effroi !
A minuit !...
   AGNÈS.
   Prends pitié de moi !
C'est insulter et le ciel et la tombe....
  Laisse-moi ! laisse-moi !
   ENSEMBLE.
   RODOLFE.
  O toi que j'adore !

ACTE I, SCÈNE V.

O toi que j'implore !
Bien avant l'aurore
Il faut fuir tous deux !
L'amour, qui m'inspire,
Saura nous conduire.
Consens, ou j'expire
D'amour à tes yeux !

AGNÈS.

Mon cœur, qui t'adore,
Te prie et t'implore !
Quand viendra l'aurore
Fuis seul de ces lieux !
Tu vas me maudire...
Et dans mon délire
Je t'aime !... et j'expire
De crainte à tes yeux !

Rodolfe est aux genoux d'Agnès et redouble ses
instances.)

SCÈNE IV.

LES PRÉCÉDENTS, LE COMTE DE LUDDORF, LE
BARON DE MOLDAW ; CHEVALIERS, VASSAUX ET
VASSALES.

LUDDORF ET MOLDAW.

Que vois-je ?...

AGNÈS.

Il est perdu !

RODOLFE.

Mon père !

LUDDORF.

Qui, lui ! mon fils... aux genoux
De l'épouse de son frère !

RODOLFE.

C'est moi qui suis son époux !
Moi qu'elle aimait ! moi qu'elle aime !
Je le déclare à la face de tous !
A la face de Dieu, notre juge suprême !

LUDDORF, à Rodolfe.

Renonce à cet amour !

RODOLFE.

Plutôt cent fois mourir !
Dussé-je être frappé par la main de mon frère,
Plus encor... par votre colère,
Plutôt mourir que d'obéir !

LUDDORF.

Eh bien donc, sur ton front que tombe l'anathème !

SCÈNE V.

LES PRÉCÉDENTS, PIERRE, qui est entré pendant ces
derniers vers.

PIERRE, à Luddorf.

Ah ! prêt à l'accabler, sur toi-même frémis !
L'anathème d'un père est celui de Dieu même !

AGNÈS.

Et Rodolfe est votre fils !

LUDDORF.

Un fils coupable ! un fils rebelle !
Que la maison paternelle,
Que mon cœur et mes bras lui soient donc interdits !..
Va-t'en, je te maudis !

ENSEMBLE.

PIERRE, AGNÈS ET LE CHŒUR.

O terreur qui m'accable !
Arrêt inexorable
Qui punit un coupable
Sur qui mon cœur gémit !
Qui prendra sur la terre
Pitié de sa misère,
Quand la voix de son père
Le frappe et le maudit ?

LUDDORF ET MOLDAW.

Malheur au fils coupable !
D'un arrêt redoutable
C'est le ciel qui l'accable,
C'est Dieu qui le punit !
Loin de nous sur la terre
Qu'il traîne sa misère ;
Le courroux de son père
Le frappe et le maudit !

RODOLFE.

C'en est fait, tout m'accable !
Par l'arrêt redoutable
Qui punit un coupable
Mon espoir est détruit.
Nul ami sur la terre
Ne reste à ma misère,
Car Agnès et mon père
M'ont proscrit et maudit !

RODOLFE.

Eh bien, je pars chassé... je pars chassé loin d'elle !
Désespéré, maudit par la voix paternelle !
Mais contre tant de maux où vous m'avez réduit,
Bientôt la mort...

AGNÈS, tremblante et s'approchant de Rodolfe, lui
dit à voix basse.)

A minuit !

RODOLFE, avec transport.

A minuit !...

ENSEMBLE.

RODOLFE, avec joie.

O bonheur ineffable !
En mon sort misérable,
Quelle voix secourable
Tout à coup retentit !
Doux rayon qui m'éclaire,
Un ange tutélaire
Me reste sur la terre...
Je ne suis plus maudit !

AGNÈS.

Je dois, quand tout l'accable,
Partager du coupable
Le destin misérable.
Il le sait..., je l'ai dit !
Hélas ! j'ai dû le faire :
Il n'a que moi sur terre,

Le courroux de son père
Le frappe et le maudit!
LUDDORF ET MOLDAW.
Malheur au fils coupable!
D'un arrêt redoutable
C'est le ciel qui l'accable,
C'est Dieu qui le punit.
Loin de nous sur la terre
Qu'il traîne sa misère;
Le courroux de son père
Le frappe et le maudit!
PIERRE ET LE CHOEUR.
O terreur qui m'accable!
Arrêt inexorable,
Qui punit un coupable
Sur qui mon cœur gémit!
Qui prendra sur la terre
Pitié de sa misère,
Quand la voix de son père
L'a proscrit et maudit?
(*Moldaw entraîne sa fille; Luddorf renouvelle à Rodolfe l'ordre de s'éloigner, tandis que les soldats et vassaux de Luddorf, à genoux ou tendant les bras vers lui, semblent intercéder pour son fils, qui part accompagné et soutenu par Pierre. La toile tombe.*)

FIN DU PREMIER ACTE.

ACTE DEUXIÈME.

Une rue sur laquelle donne la principale cour du château. — Au fond le château, où l'on monte par un large escalier. Une grande grille sépare la cour du château de la rue, et cette grille est ouverte.

SCÈNE PREMIÈRE.

HOMMES ET FEMMES DU PEUPLE, *à gauche, devant une taverne et buvant ;* URBAIN, *couvert d'un manteau, et se promenant en long et en large sur la place.*

ENSEMBLE.
CHOEUR.
Assez rire et boire !
Rentrons, mes amis,
Rentrons au logis,
Car la nuit est noire !
Assez rire et boire
De ce vin du Rhin
Dont le jus divin
Ote la mémoire !
URBAIN.
Assez rire et boire !
Bourgeois, mes amis,
Rentrez au logis,
Car la nuit est noire !
Assez rire et boire
De ce vin du Rhin
Dont le jus divin
Ote la mémoire !
URBAIN.
Mon maître va bientôt venir,
Car du rendez-vous voici l'heure !
Et pour regagner leur demeure
Ces bourgeois devraient déguerpir :
Comment donc les faire partir?
(*S'adressant à un bourgeois.*)
Avant que minuit ne sonne
Soyons clos en nos logis!
Car voici l'heure où la Nonne
Descendra de ce parvis!
LES BOURGEOIS, *effrayés.*
Vous croyez... vous croyez?...
URBAIN, *montrant les grilles du fond que des domestiques du palais ouvrent en ce moment.*)
Voyez, suivant l'usage,
D'avance, sur son passage,
Un soin prévoyant et sage
Ouvre ces grilles d'airain,
Qu'elle briserait soudain !
CHOEUR.
Partons, partons! hâtons nos pas!
Amis, ne nous exposons pas...
Assez rire et boire !
Rentrons, mes amis,
Rentrons au logis,
Car la nuit est noire !
Assez rire et boire,
De ce vin du Rhin
Dont le jus divin
Ote la mémoire !
(*A demi-voix.*)
Je me sens glacé d'épouvante :
L'aspect de la Nonne sanglante
Peut, dit-on, donner le trépas!
Partons, partons! doublons le pas!
(*Ils sortent par la gauche, et la taverne se ferme.*)

SCÈNE II.

URBAIN, *riant.*
Nonne!... je te bénis... tu les auras fait fuir!
Mon maître à présent peut venir !

PREMIER COUPLET.
L'espoir et l'amour dans l'âme,
Quand vient la nuit, qu'il est doux
D'attendre une noble dame
En un galant rendez-vous!
Bientôt elle va paraître,
De trouble le cœur saisi...
Ah! qu'il est heureux, mon maître...
Que ne suis-je comme lui!

DEUXIÈME COUPLET.
Dans ce char qui vous entraîne,
Muet et doux entretien,

ACTE II, SCÈNE IV.

Votre main est dans la sienne,
Votre cœur bat près du sien !
L'aurore qui va renaître
Verra leur destin uni...
Ah ! qu'il est heureux ! mon maître,
Quand serais-je comme lui ?

SCÈNE III.

RODOLFE, URBAIN.

RODOLFE.
Tout est-il prêt ?

URBAIN.
Oui, mon maître !

RODOLFE.
Laisse-moi !...

URBAIN, *sortant par la droite.*
J'attends là le signal du départ !

SCÈNE IV.

RODOLFE, *puis* LA NONNE.

RODOLFE, *seul, regardant l'escalier du palais.*
Voici l'heure !.. bientôt mon Agnès va paraître,
Blanche nonne !... portant la lampe et le poignard !

AIR.

Du Seigneur, pâle fiancée,
Toi, dont j'implore le secours,
Du fond de la tombe glacée,
Nonne, protége nos amours !
Viens ! et protége nos amours !
  Ainsi que nous, peut-être
  Esclave des tyrans,
  Ton cœur a pu connaître
  L'amour et ses tourments.
Du Seigneur, pâle fiancée,
Toi, dont j'implore le secours,
Du fond de ta tombe glacée,
Nonne, protége nos amours !
  (*Écoutant.*)
Mais l'airain sonne !... et de la voûte immense
Un pas lointain a troublé le silence.

CAVATINE, *agitée.*

C'est Agnès !... oui, c'est elle !...
D'où vient donc que soudain
Une terreur mortelle
A fait battre mon sein ?
Je tressaille et succombe
A l'horreur que je sens,
Et le froid de la tombe
A glacé tous mes sens !
(*La Nonne commence à paraître au haut de l'escalier.*)
Ainsi que l'indiquait la légende fatale,
Voici bien le poignard... la lampe sépulcrale,
Et la tache de sang
Qui souille son long voile blanc !
(*Faisant quelques pas pour aller au devant de Nonne qui descend lentement les marches de l'escalier.*)
Allons !... allons !... C'est Agnès !... c'est elle !..
  (*S'arrêtant.*)
D'où vient donc que soudain
Une terreur mortelle
A fait battre mon sein ?
Je tressaille et succombe
A l'horreur que je sens
Et le froid de la tombe
A glacé tous mes sens !
(*Pendant cette reprise, la Nonne s'est approchée de lui.*)

RODOLFE, *à la Nonne.*
Combien l'heure me semblait lente !
Agnès, Agnès !... enfin je te revois !
Tu ne me réponds pas ! immobile et tremblante,
Craindrais-tu de me suivre ? Ah ! calme ton effroi !
  Agnès, toi qui m'es chère
  Je t'engage ma foi !
  Par le ciel et la terre,
  Je jure d'être à toi !

LA NONNE, *d'une voix sépulcrale.*
A moi !!!

RODOLFE, *avec amour.*
Toujours à toi !
  (*Lui prenant la main.*)
Ah ! que ta main est froide !
  (*Il lui met au doigt son anneau.*)

LA NONNE.
A moi !...
Toujours à moi !...
(*Elle lui prend la main. Le tonnerre gronde, les éclairs brillent et l'on entend les mugissements de l'enfer.*)

RODOLFE.
  Ah ! je frissonne,
  Et le ciel tonne !
  L'éclair sillonne
  Ce noir palais !
  Vaine furie !...
  (*A la Nonne.*)
  A toi, ma vie !
  L'hymen nous lie
  Et pour jamais !
Oui, sous mes pas la terre tremble...
N'importe !... viens !... fuyons ensemble !...
(*En ce moment, Agnès, vêtue de blanc, paraît au haut de l'escalier, à gauche.*)
  Ah ! je frissonne,
  Et le ciel tonne !
  L'éclair sillonne
  Ce noir palais !
  Vaine furie !...
  A toi, ma vie !
  L'hymen nous lie
  Et pour jamais !
(*Il disparaît par la droite, entraîné par la Nonne et à la lueur des éclairs, la scène se couvre de nuages ; une musique infernale se fait entendre. — Le théâtre change et représente les ruines d'un*

château gothique. Une vaste salle d'armes, dont les croisées et les portiques sont à moitié détruits. Au milieu du théâtre, les débris d'une grande table de pierre, et des sièges en pierre qui sont couverts de lierre et de plantes sauvages. La lune éclaire ce tableau et laisse apercevoir au fond du théâtre et au sommet du rocher un ermitage.)

SCÈNE V.

RODOLFE ET URBAIN, *entrant vivement par la porte du fond qui est à moitié ruinée.*

RODOLFE.

RÉCITATIF.

Effrayés par la foudre et l'ouragan terrible,
Nos chevaux, que lançait une main invisible,
Comme une flèche ont atteint les parois
De la roche escarpée où brillait autrefois
    L'antique château de mes pères!
    (Regardant autour de lui.)
Séjour abandonné... ruines solitaires...
Sous vos sombres débris cachez bien nos projets!
URBAIN.
Et votre fiancée... Agnès?...
RODOLFE.
Toujours silencieuse!... et passant tout à l'heure
Auprès de la chapelle... elle a quitté ma main!
    D'effroi, tremblante, elle est soudain
    Tombée à genoux!.. elle pleure!
Elle prie!... un instant respectons son effroi?
(Prenant Urbain par la main et lui montrant au fond du théâtre l'ermitage, qu'on aperçoit de loin. Au sommet du rocher et près des cieux, habite
Pierre, le pieux cénobite,
    Je puis me fier à sa foi!
    Va le chercher?... qu'il vienne,
    Que dans le cœur d'Agnès
    Sa présence ramène
    Le pardon et la paix!
(Urbain s'éloigne et disparaît au milieu des ruines.)

SCÈNE VI.

RODOLFE, *seul.*

Remparts qu'avait bâtis Rodolfe, notre ancêtre!
Tombeaux de mes aïeux, que je foule peut-être!...
Quel forfait impuni vous a donc renversés?
Qui couvrit vos lambris de ronces et de lierre?
Et ne devez-vous plus, sortant de la poussière,
Retrouver votre gloire et vos honneurs passés?...
(La lune disparaît; les portiques et les croisées en ruine reprennent leur forme et leur élégance premières. Les débris de la table de pierre se changent en une vaste table couverte de mets et richement servie. Tout autour, des sièges nombreux. Les flambeaux qui couvrent la table s'allument tout à coup, ainsi que les candélabres qui garnissaient la salle d'armes, et à l'obscurité succède l'éclat des flambeaux, des dorures et des faisceaux d'armes qui brillent de toutes parts; mais tout ce changement s'est fait silencieusement.)

RODOLFE, *se retournant et poussant un cri.*
Ah!... je revois ces lieux connus de mon enfance!..
La salle du banquet aux convives nombreux!
Mais aujourd'hui... déserte... immense...
Je n'entends plus leurs cris joyeux!
(On entend un chant souterrain, sombre et mystérieux. Paraissent à toutes les portes de la salle des seigneurs et des dames richement habillés, mais d'une pâleur effrayante et ne faisant presque pas de mouvements, ils glissent plutôt qu'ils ne marchent, et s'avancent lentement.)

CHŒUR, *à demi-voix.*

    Les morts reviennent;
    Ils se souviennent
    De leurs beaux jours,
    De leurs amours!
    Nouvelle fête
    Pour nous s'apprête:
    Fuyez nos pas...
    N'approchez pas!...
RODOLFE, *les regardant.*
Prodige qui confond ma raison et mes yeux,
Ces traits que j'admirais sur leurs portraits antiques,
Ces traits décolorés sont ceux de mes aïeux!
(S'avançant vers eux.)
Ombres que je révère, ancêtres glorieux,
Parlez!... Qui vous ramène aux foyers domestiques?
Répondez-moi?... Sombres, silencieux!...
Ils s'asseyent...
(Les seigneurs et les dames se sont assis en silence. Des pages, des écuyers, des hommes d'armes, à la figure pâle et livide, les servent sans proférer une parole.)

RODOLFE, *les contemplant avec effroi.*
    De vin leur coupe s'est remplie!
Mais, convives glacés, à peine si ces lieux
Ont retenti du bruit de leur muette orgie!...

CHŒUR, *à voix basse.*

    Les morts reviennent;
    Ils se souviennent
    De leurs beaux jours,
    De leurs amours!
    Nouvelle fête
    Pour nous s'apprête:
    Fuyez nos pas...
    N'approchez pas!...

SCÈNE VII.

Les précédents, LA NONNE, *toujours voilée et s'avançant lentement.*

RODOLFE, *allant à elle.*
Agnès, où sommes-nous ?... et quelle destinée
Les a tous rassemblés ici ?
LA NONNE.
Notre hyménée !
RODOLFE.
Qui sont-ils ?
LA NONNE.
Nos témoins !... regarde !...
RODOLFE, *regardant un chevalier qui se lève.*
Ah ! qu'ai-je vu
Mon frère, auprès de moi !... Frère, que me veux-tu ?
Réponds ?
LA NONNE.
Il ne le peut !... atteint par le trépas,
Il possède une tombe, et moi je n'en ai pas !
RODOLFE.
Eh ! qui donc êtes-vous ?
LA NONNE.
Moi !... la Nonne sanglante !
RODOLFE.
O ciel !...
LA NONNE.
Ta fiancée !... oui, voilà ton anneau
Qui tous deux nous unit par delà le tombeau !
RODOLFE.
O terreur !
LA NONNE.
Tu l'as dit :
« Agnès, toi qui m'es chère,
« Je t'engage ma foi...
« Par le ciel et la terre
« Je jure d'être à toi !... »

ENSEMBLE.

RODOLFE.
Sous moi tremble la terre,
Et je me meurs d'effroi !

CHŒUR.
Par le ciel et la terre
Il engagea sa foi !

LA NONNE.
« Agnès, toi qui m'es chère,
« A toi ! toujours à toi ! »
LA NONNE, *l'entraînant.*
Unis par le trépas,
Viens... viens... tu me suivras !
RODOLFE.
Ah ! qui me sauvera ?

SCÈNE VIII.

Les précédents, PIERRE L'HERMITE, *amené pa[r] Urbain et paraissant à la porte du fond, tena[nt] une croix à la main.*)

PIERRE.
Mon bras qui te protège,
Et Dieu qui nous défend !
(*Étendant la croix vers les fantômes.*)
Du tombeau, funèbre cortége,
Rentrez dans le néant !
(*Les flambeaux s'éteignent. Les riches lambris d[is]paraissent et font place aux ruines. La lu[ne] voilée par des nuages éclaire seule le théâtre.*)
LA NONNE, *montrant Rodolfe.*
Lui seul, impie et sacrilège,
M'appartient... et sa foi
Je la réclamerai !
RODOLFE.
Mon Dieu ! protégez-moi !
LA NONNE.
Toujours à moi !
CHŒUR *des fantômes, qui disparaissent peu à pe[u].*
Les morts reviennent ;
Ils se souviennent
De leurs beaux jours,
De leurs amours !
LA NONNE.
A moi... toujours !
RODOLFE, *avec désespoir.*
Toujours !!!
(*La Nonne et les fantômes s'abîment sous terre derrière les ruines, et Rodolfe, évanoui, est tom[bé] dans les bras d'Urbain. — La toile tombe.*)

FIN DU DEUXIÈME ACTE.

ACTE TROISIÈME.

Une chambre rustique, en Bohême. — A gauche, une grande porte ouverte donnant sur une forêt qui entoure la ferme. — Au fond, deux croisées; entre les croisées, un lit de repos. — A droite, sur le premier plan, une table, quelques chaises.

SCÈNE PREMIÈRE.

Au lever du rideau, des ménétriers placés à gauche exécutent un air de valse. FRITZ ET ANNA, DE JEUNES PAYSANNES ET DE JEUNES PAYSANS BOHÉMIENS *entrent en valsant.*

CHŒUR.

Valsez sous l'ombrage,
Filles du village;
L'archet retentit,
Et le jour finit!
Que la valse est belle!
Rapide comme elle,
Le plaisir va fuir...
Sachons le saisir!

ANNA, *montrant la forêt qu'on aperçoit au fond.*

La lune brille,
L'herbe scintille;
La jeune fille,
A demi-voix,
Gaîment répète
La chansonnette
Que la fauvette
Disait au bois :
Ah! ah! ah! ah! ah!

CHŒUR.

Valsez sous l'ombrage,
Filles du village;
L'archet retentit,
Et le jour finit!
Que la valse est belle!
Rapide comme elle,
Le plaisir va fuir...
Sachons le saisir!

(*L'air de danse continue toujours; les jeunes gens et les jeunes filles sortent de la chambre ou y rentrent en valsant. Au fond, sous les arbres de la forêt, on aperçoit plusieurs groupes qui valsent aussi.*)

FRITZ, *s'adressant aux paysans.*

Demain, j'épouse Anna, ma fiancée!

ANNA.

Et nous dansons, par avance, aujourd'hui!

FRITZ.

Rêves d'amour enivrent ma pensée!...
Demain, elle est à moi...

ANNA.

Quel bonheur d'être à lui!

ENSEMBLE.

Sur nos tapis de mousse,
Combien la valse est douce!
Combien ses gais accents
Deviennent enivrants,
Quand de son amoureuse,
Émue et gracieuse,

Le jeune et beau valseur
Sent palpiter le cœur!

TOUS ENSEMBLE.

Valsez sous l'ombrage,
Filles du village;
L'archet retentit
Et voici la nuit!
Que la valse est belle!
Rapide comme elle,
Le plaisir va fuir
Sachons le saisir!

(*Au milieu du chœur général des danseurs et des chanteurs, Urbain paraît à la porte du fond.*)

SCÈNE II.

LES PRÉCÉDENTS, URBAIN; *puis* RODOLPHE.

URBAIN.

On m'a dit qu'en ces lieux je trouverais mon maître.

FRITZ.

Un étranger...

ANNA.

Un jeune et beau seigneur..

FRITZ.

Que nous avons reçu sous notre toit champêtre?

URBAIN.

Lui-même.

FRITZ.

Ah! jour et nuit, profonde est sa douleur!

URBAIN.

Je la connais, et viens la changer en bonheur!

PREMIER COUPLET.

Un page de ma sorte,
Page leste et joyeux,
D'ordinaire n'apporte
Que messages heureux!
A l'usage fidèle,
J'annonce une nouvelle
Qui comblera ses vœux
Cette heureuse nouvelle,
Quelle est-elle?
Quelle est-elle?

(*Aux paysans et paysannes qui l'entourent.*)

Ah! vous en êtes curieux?

(*A Anna.*)

Vraiment, vraiment, ma toute belle?
Eh bien, eh bien, je vous le dis tout bas,
Rassurez-vous... vous ne le saurez pas!

DEUXIÈME COUPLET.

De cet heureux message,
A bon droit, je suis fier!

Et Monseigneur, je gage,
Me le paira bien cher!
(Aux paysannes et paysans.)
Vous voulez le connaître
Pour le dire à mon maître;
Les amoureux
Sont toujours généreux!
Ma nouvelle est si belle...
Quelle est-elle?
Ah! vous en êtes curieux?
Vraiment, vraiment, je comprends votre zèle :
Eh bien, eh bien, je vous le dis tout bas,
Tra, la, la... vous ne le saurez pas!
(Apercevant Rodolfe qui entre et courant à lui.)
URBAIN.
Ah! mon maître, c'est vous! la fortune jalouse,
Par un brusque retour comble tous vos souhaits!
Vos parents désarmés vous accordent Agnès!
RODOLFE, *poussant un cri de joie.*
Je n'ose y croire... Agnès!...
URBAIN.
Votre Agnès pour épouse!
RODOLFE.
Et comment?
URBAIN.
Théobald, par un coup imprévu,
Frappé dans les combats...
RODOLFE, *avec effroi.*
Ah! c'est lui que j'ai vu!
C'est lui qui, délaissant sa couche sépulcrale,
Assistait, sombre et pâle, à l'union fatale
Dont j'étais la victime!... O mon frère! ô douleur!...
(Aux villageois.)
Un instant seul avec mon page
Laissez-moi, mes amis
(*La valse reprend. Fritz, Anna et les valseurs sortent tous par la porte du fond, qui se referme.*)

SCÈNE III.

URBAIN, RODOLFE.

(*Rodolfe est retombé assis près de la table, à droite; Urbain, contemplant avec surprise son air rêveur, s'approche de lui.*)
RODOLFE, *à part.*
Au milieu de l'orage,
Cette lueur d'espoir, cet éclair de bonheur,
Du sort qui me poursuit redouble encor l'horreur!
DUO.
Malheur au fiancé de la Nonne sanglante!
URBAIN.
Que dites-vous, maître? que dites-vous?
RODOLFE.
As-tu donc oublié cette nuit d'épouvante,
Où le spectre, de moi, reçut l'anneau d'époux?
Depuis lors, ô prodige, où ma raison succombe,
Tous les soirs... oui... tous les soirs, à minuit,
Le fantôme sort de sa tombe
Et vient, pâle et glacé, s'asseoir près de mon lit!

URBAIN, *effrayé.*
Tous les soirs!...
RODOLFE.
Tous les soirs!
URBAIN.
A minuit!
RODOLFE.
A minuit!

ENSEMBLE.

URBAIN.
O terreur qui m'oppresse!
D'une telle maîtresse,
D'un pareil rendez-vous,
Mon cœur n'est pas jaloux!
Dieu veillera sur nous,
Mon maître, calmez-vous!
RODOLFE.
Tourment terrible qui m'oppresse,
Devant moi son ombre se dresse,
Et vient, pâle, au rendez-vous
Donné par l'enfer en courroux!...
(*Avec délire.*)
Va-t'en!... va-t'en!... fuis loin de nous!
RODOLFE.
Chaque nuit la ramène!... et sa voix vengeresse,
Me rappelant ma fatale promesse :
« A toi... toujours à toi... même après le tombeau!.
« Tu l'as dit, tu l'as dit... et voici ton anneau!
« Des serments la tombe est jalouse...
« Et nulle autre que moi ne sera ton épouse!...
URBAIN, *effrayé.*
A toi!...
RODOLFE.
Toujours à toi!
URBAIN.
Même après le tombeau!
RODOLFE.
Même après le tombea

ENSEMBLE.

URBAIN.
O terrible promesse!
D'une telle maîtresse,
D'un pareil rendez-vous,
Mon cœur n'est pas jaloux!
Dieu veillera sur nous,
Mon maître, calmez-vous!
RODOLFE.
Tourment terrible qui m'oppresse,
Devant moi son ombre se dresse!
Et vient, fidèle au rendez-vous
Donné par l'enfer en courroux!
(*Avec délire.*)
Va-t'en!... va-t'en!... fuis loin de nous!
URBAIN.

CANTABILE.

Du vain délire où votre âme s'agite
Bientôt vont fuir les sinistres vapeurs;
Bientôt, pour vous, Pierre le saint ermite
Va de l'enfer conjurer les fureurs!
Oui, croyez-moi, mon maître, mon doux maîtr

Devant le jour se dissipe la nuit.
Et le malheur va pour vous disparaître
Devant l'amour qui brille et vous sourit!
(Gaiement.)
Reprenez courage!
Un ciel sans nuage
Succède à l'orage
Qui fuit pour toujours!
Plaisir et tendresse
Et noble maîtresse
De votre jeunesse,
Vont charmer les jours!

RODOLFE.
Reprenons courage!
Pour nous plus d'orage!
Croyons-en mon page,
Croyons aux beaux jours!
Plaisir et tendresse
Et douce maîtresse
Vont de ma jeunesse
Embellir le cours!

URBAIN.
Pierre a parlé! pour la croisade sainte
Tous nos chevaliers vont partir!...
Mais avant de quitter l'enceinte
Du manoir paternel, il prétend vous unir
A votre Agnès!...

RODOLFE, *poussant un cri de joie.*
O ciel!

URBAIN, *gaiement.*
Déjà, de cette fête,
Par ses soins empressés, la pompe au loin s'apprête!
Aux noirs habits de deuil, la pourpre a succédé!
Les ménestrels, les chants, la danse, et mieux encore,
Votre Agnès vous attend!... aussi, par moi guidé,
Dès demain vous partez, au lever de l'aurore!...
Et je vais jusque-là valser en attendant...

RODOLFE, *hors de lui.*
Est-ce un rêve?

URBAIN, *riant.*
Eh! non vraiment!

ENSEMBLE.

URBAIN.
Reprenez courage!
Un ciel sans nuage
Succède à l'orage
Qui fuit pour toujours!
Plaisir et tendresse
Et noble maîtresse
De votre jeunesse
Vont charmer les jours!

RODOLFE.
Reprenons courage!
Pour nous plus d'orage!
Croyons-en mon page
Croyons aux beaux jours!
Plaisir et tendresse
Et belle maîtresse
Vont de ma jeunesse
Embellir le cours!
(Urbain s'élance en courant par la porte du fond, qu'il referme sur lui.)

SCÈNE IV.

RODOLFE, *seul.*
(Sur une ritournelle douce et suave, il va ouvrir la fenêtre, semble aspirer la fraîcheur de la forêt et respirer plus librement.)

RODOLFE.
AIR.

Un air plus pur,
Un ciel d'azur
Brille à ma vue!
Rêve d'amour,
Calme en ce jour
Mon âme émue!
A son fils malheureux,
Mon père enfin pardonne!
Et le pardon des cieux
Autour de moi rayonne!
Un jour plus pur,
Un ciel d'azur
Brille à ma vue!
Rêve d'amour,
Calme en ce jour
Mon âme émue!
(Regardant autour de lui.)
Mais la nuit s'avance...
(Avec crainte.)
La nuit!!
Et bientôt va sonner minuit!
Si, comme à l'ordinaire... et sanglante et terrible...
La Nonne apparaissait...
(Ecoutant.)
Si j'entendais ses pas!...
(Se rassurant.)
Non, non, c'est impossible!...
Ce soir... elle ne viendra pas!
(S'approchant de la fenêtre, et entendant au dehors l'air de valse qui reprend, il regarde et dit :)
La lune brille,
L'herbe scintille;
La jeune fille,
A demi-voix,
Gaîment répète
La chansonnette
Que la fauvette
Disait au bois!...
(Avec joie, et refermant la fenêtre.)
Elle ne viendra pas!... ici tout me rassure!
Et le calme de la nature
A passé dans mes sens!...
Un air plus pur,
Un ciel d'azur
Brille à ma vue!
Rêve d'amour
Charme en ce jour
Mon âme émue!

(Minuit sonne. A la musique gracieuse succède une musique sombre et terrible. Les pas du spectre se font entendre. La muraille à droite s'ouvre d'elle-même, et laisse passer la Nonne qui s'avance lentement. Rodolfe, glacé d'effroi, tombe assis sur le lit et reste immobile.)

SCÈNE V.

RODOLFE, LA NONNE.

DUO.

LA NONNE.
Me voici — moi, ton supplice! —
J'ai ta foi, — j'ai ton anneau! —
Le ciel veut qu'on accomplisse
Les serments faits au tombeau!

RODOLFE.
Au tourment de te voir qui donc m'a condamné?
Nonne! que t'ai-je fait?

LA NONNE.
A moi, tu t'es donné!
Agnès! Agnès! à toi, toute ma vie!...
As-tu dit!

RODOLFE.
A l'enfer, je n'ai point fait de vœu!

LA NONNE.
Ni moi, ni moi! — je n'appartiens qu'à Dieu!
Coupable comme toi, ma faute... je l'expie!

RODOLFE.
Puis-je t'aider à l'expier?

LA NONNE.
Oui!

RODOLFE.
Comment donc briser le pacte qui nous lie?

LA NONNE, *levant son voile et montrant la tache de sang qui est à l'endroit du cœur.*
En immolant mon meurtrier!...
Jusque-là...

ENSEMBLE.

LA NONNE.
Je viendrai — moi, ton supplice! —
J'ai ta foi, — j'ai ton anneau! —
Le ciel veut qu'on accomplisse
Les serments faits au tombeau!

RODOLFE.
Pour finir un tel supplice,
Pour reprendre mon anneau,
Que faut-il que j'accomplisse?
Je te suis jusqu'au tombeau!
Oui, j'irai jusqu'au tombeau!

RODOLFE.
Eh bien! ce meurtrier?...

LA NONNE.
Tu sauras tout!
(Cherchant à rappeler ses souvenirs.)
Attends...
A la guerre... on disait : il a perdu la vie...
Dans le cloître où sa mort me conduisait... j'apprends

(Avec joie.)
Qu'il existe!...
(Avec colère.)
Qu'il se marie!...
J'accours... lui rappeler notre amour... ses serments
Et lui!... pour s'épargner une importune plainte...
(Montrant la plaie qu'elle a au cœur.)
Il m'a frappée!!! — Oui, sans remords, sans crainte
Moi qui l'aimais!...

RODOLFE, *vivement*.
L'infâme!

LA NONNE.
N'est-ce pas?

RODOLFE.
Quel est-il?

LA NONNE.
Tu le sauras!

RODOLFE.
Et je le vengerai!

LA NONNE.
C'est bien! —
Tiens ton serment! — et je tiendrai le mien

ENSEMBLE.

LA NONNE.
Oui, qu'il succombe!...
Oui, que la tombe
A mon destin
L'unisse enfin!
Et tes serments
Je te les rends!

RODOLFE, *avec joie.*
Quoi! s'il succombe,
Quoi! si la tombe
A ton destin
L'unit enfin!
Tous mes serments
Tu me les rends!

RODOLFE, *avec exaltation.*
Ah! je serai ton chevalier!
Je punirai ton meurtrier...
Son nom? son nom?

LA NONNE.
Tu le sauras demain!

RODOLFE, *avec joie.*
Et je serai donc libre enfin!...

LA NONNE.
Adieu, Rodolphe... à demain!...
A minuit!... à demain!!

ENSEMBLE.

LA NONNE.
Oui, qu'il succombe!..
Oui, que la tombe
A mon destin
L'unisse enfin!
Et tes serments
Je te le rends!

RODOLFE.
Oui, s'il succombe...
Oui, si la tombe
A ton destin

L'unit enfin !
Tous mes serments
Tu me les rends !
LA NONNE, *s'éloignant.*
A minuit !... à demain !...
(*Au moment où la Nonne s'éloigne et où Rodolfe, hors de lui et anéanti, vient de se laisser tomber sur le lit, on entend en dehors l'air de valse qui reprend.*)

ENSEMBLE.

URBAIN, *en dehors, frappant à la porte.*
Mon maître !... mon doux maître,
L'aurore va paraître !
Partons, partons gaîment
Au manoir paternel, où l'amour vous attend !

CHŒUR, *en dehors.*

Valsez sous l'ombrage,
Filles du village,
Voici le retour,
Le retour du jour !
Que la valse est belle !
Rapide comme elle,
Le plaisir va fuir...
Sachons le saisir !

RODOLFE.

Suis-je éveillé ?... Suis-je vivant ?
Veille sur moi, Dieu tout-puissant !
Ah ! c'est Urbain...

(*Revenant à lui.*)

Eh oui... vraiment,
C'est Agnès... c'est l'amour qui m'attend !
(*Rodolfe se lève en chancelant, et au moment où il va ouvrir la porte à Urbain, la toile tombe.*)

FIN DU TROISIÈME ACTE.

ACTE QUATRIÈME.

Les jardins du comte de Luddorf. Tout y est disposé pour les fêtes du mariage.

SCÈNE PREMIÈRE.

LE COMTE DE LUDDORF, LE BARON DE MOLDAW, CHEVALIERS ET SEIGNEURS DES DEUX FAMILLES, *assis autour d'une table.* ÉCUYERS ET VALETS, *placés derrière eux.*

LUDDORF.

PREMIER COUPLET.

Bons chevaliers, vaillants hommes d'armes,
Mes compagnons dans les jours d'alarmes,
Déposons tous le fer et l'airain !
Que le hanap brille en votre main !
A la rescousse ! hymen ! hyménée !
C'était le cri de nos bons aïeux,
Et nous, amis, leur noble lignée,
Comme eux chantons ! et buvons comme eux !

CHŒUR.

Pour imiter nos braves aïeux,
Comme eux chantons ! et buvons comme eux !

LUDDORF.

DEUXIÈME COUPLET.

Si, trop longtemps, guerres inhumaines
Ont dévasté nos tristes domaines,
Que Mars s'éloigne !... et qu'en ce séjour,
Gaîment l'amour guerroie à son tour !
A la rescousse ! hymen ! hyménée !
C'était le cri de nos bons aïeux,
Et nous, amis, leur noble lignée,
Comme eux chantons ! et buvons comme eux !

CHŒUR.

Pour imiter nos braves aïeux,
Comme eux chantons ! et buvons comme eux !

SCÈNE II.

LES PRÉCÉDENTS, URBAIN, FRITZ, ANNA, TROUPE DE PAYSANS BOHÉMIENS ET DE JEUNES BOHÉMIENNES EN HABITS DE NOCE.

URBAIN, *amenant Anna, qui résiste et n'ose entrer.*
Venez, notre charmante hôtesse !
Venez, et ne craignez rien !

LUDDORF.
Qu'est-ce ?

URBAIN.
De jeunes fiancés, dont le cœur généreux
Accueillit votre fils souffrant et malheureux !

LUDDORF.
Je leur dois une récompense !

URBAIN, *à demi-voix.*
Et de plus, Monseigneur, au loin dans le pays,
D'Anna la gitana l'on vante la science !

LUDDORF, *montrant Fritz et Anna.*
En même temps que celui de mon fils,
Je veux que l'on célèbre ici leur mariage !

FRITZ.
Dieu ! quel honneur !

ANNA.
Je n'ose y croire !

LUDDORF, *lui tendant la main.*
Que ma main
De ma promesse soit le gage !
ANNA, *baise la main que lui tend le comte, puis le regarde avec attention et pousse un cri.*
Ah ! grand Dieu ! qu'ai-je vu ?
(*Elle s'éloigne avec crainte.*)
URBAIN, *courant à elle à la droite du théâtre, pendant que le comte de Luddorf et les seigneurs se sont remis à table à gauche.*
D'où te vient donc soudain

ACTE III, SCÈNE IV.

Le trouble qui t'agite?
ANNA.
O colère céleste,
Qui me glace de crainte!...
(Bas, à Fritz.)
En ce jour... et comme eux..
Nous marier... jamais!...
(A demi-voix, à Urbain.)
Car cet hymen funeste
N'aura pas lieu!
URBAIN, *riant.*
Folie !
(*Lui montrant Rodolfe et Agnès, qui s'avancent par le fond du théâtre, suivis d'une escorte nombreuse.*)
Ils viennent tous les deux,
Ces heureux fiancés, pleins de joie et d'ivresse,
LUDDORF, *aux conviés.*
Ils viennent partager vos danses et vos jeux
Avant qu'à nos autels, consacrant leur tendresse,
La voix du prêtre saint ne descende sur eux !

SCÈNE III.

LE BARON DE MOLDAW, *et ses chevaliers se placent à gauche et au fond du théâtre*; RODOLFE ET AGNÈS *s'asseyent à droite; près d'eux et debout,* URBAIN, FRITZ, ANNA. *On a enlevé la table où buvaient les chevaliers. Les jardins du comte de Luddorf sont de tous côtés ornés de fleurs et illuminés.* LES DAMES ET SEIGNEURS *des environs, en costume de gala, arrivent successivement pour prendre part à la fête, et sont reçus par le comte de Luddorf, qui plusieurs fois entre, sort et donne des ordres pendant le divertissement suivant.*
(*Ballet où l'on exécute tour à tour des danses bohémiennes, moraves, hongroises et styriennes. Vers la dernière partie du ballet, la grande horloge du château sonne lentement minuit. Rodolfe, qui était à droite, assis à côté d'Agnès, se lève et fait vivement quelques pas au bord du théâtre.*)
RODOLFE, *avec agitation, et pendant que minuit sonne.*
Minuit!
(*Se rassurant et s'efforçant de sourire.*)
Quelle terreur vient encor me saisir!
Au milieu de la fête, et des danses bruyantes...
Et des lampes étincelantes...
Le spectre n'oserait venir!
(*Au moment où le dernier coup de minuit s'est fait entendre, un nuage de gaze descend derrière Rodolfe, et le sépare de la foule; cet obstacle transparent qui le retient n'empêche pas d'apercevoir le bal, lequel continue toujours pendant la scène suivante. Les jardins du fond restent illuminés, mais la rampe, qui est sur le devant du théâtre, s'éteint, et Rodolfe voit à côté de lui s'élever l'ombre de la Nonne, visible pour lui seul, invisible pour tous les autres.*)

SCÈNE IV.

LES PRÉCÉDENTS, LA NONNE, *se plaçant silencieusement à côté de* RODOLFE, *pendant que, dans le fond, différents groupes de danses continuent à se former, et que l'on entend toujours dans le lointain et en sourdine l'orchestre du bal.*

RODOLFE, *épouvanté.*
Encor toi!... ma persécutrice!
LA NONNE.
N'avais-je pas dit : A demain !
RODOLFE.
Tu devais finir mon supplice!
LA NONNE.
Et toi, punir mon assassin !
RODOLFE, *avec impatience.*
Montre-moi donc alors ce chevalier terrible!
A quel signe, réponds, le connaîtrais-je enfin !
LA NONNE.
Invisible pour tous, et pour toi seul visible,
Apparaîtra sur son sein
La croix de sang que je porte moi-même.
(*La lui montrant.*)
Tiens, regarde !...
RODOLFE, *avec force et étendant la main.*
Sur moi que tombe l'anathème
Si mon bras ne l'immole!
LA NONNE, *étendant aussi la main.*
Et moi, je te permets
Dès qu'il ne sera plus, d'épouser l'autre Agnès !
(*La Nonne disparaît. Le nuage de gaze remonte, la lumière revient sur le devant du théâtre. Rodolfe, encore sous l'impression du rêve qu'il vient de subir, regarde autour de lui et contemple d'un air étonné les danses qui l'entourent et qui ont repris un caractère plus animé. Succombant à ses émotions, il porte la main à ses yeux et chancelle ; Agnès, qui est accourue près de lui, le soutient et ne le quitte plus.*)
AGNÈS. [heur !..
Qu'as-tu donc? et quel trouble au moment du bon
RODOLFE, *cherchant à se remettre de son émotion.*
Il est des biens si doux, que plus on les désire
Plus on craint de les perdre!
AGNÈS, *avec tendresse.*
A toi seul est mon cœur
Oui, je t'aime !... et je puis maintenant te le dire!
De t'aimer sans cesse,
Je vais, quelle ivresse!
Te faire à l'autel
Le vœu solennel!
Loi chère et suprême
Qui, devant Dieu même,
Du plus doux espoir
Me fait un devoir !

ENSEMBLE.

AGNÈS.
De t'aimer sans cesse
Je vais, quelle ivresse!

Te faire à l'autel
Le vœu solennel!
Loi chère et suprême
Qui, devant Dieu même,
Du plus doux espoir
Me fait un devoir!

RODOLFE.
O sombre tristesse,
Tourment qui m'oppresse!
A la voix du ciel
Fuyez de l'autel!
Viens, serment suprême,
Qui, devant Dieu même,
Du plus doux espoir
Me fait un devoir!

~~~~~~

SCÈNE V.

LES PRÉCÉDENTS, LE COMTE DE LUDDORF, PIERRE L'HERMITE *suivis d'un cortége religieux.*

FINALE.

PIERRE.
Oublions tous les discordes passées!
Que les haines soient effacées!
Au pied des saints autels, un Dieu juste et clément
Veut, par cet hymen éclatant,
Ne faire de vous tous qu'une seule famille!

MOLDAW, *tendant la main à Rodolfe.*
Mon noble gendre, on nous attend!

LUDDORF.
A moi d'offrir la main à ma nouvelle fille!
(*Il ouvre le manteau d'hermine qui le couvre pour offrir la main à Agnès, et Rodolfe, qui dans ce moment est placé en face de lui, aperçoit sur le sein de son père la croix de sang désignée par la Nonne.*)

ENSEMBLE.

RODOLFE.
O terreur!...

TOUS.
Qu'a-t-il donc?...

RODOLFE.
Je frémis!

TOUS.
Réponds-nous?

RODOLFE.
Qu'ai-je vu?

TOUS.
Quel effroi...

RODOLFE.
Dieu vengeur!

TOUS.
Quel courroux!

(*Dialogué.*)

LE CHOEUR.
Qu'a-t-il donc?
Quel effroi!...
Réponds-nous!
Réponds-nous!

RODOLFE.
Du forfait...
Preuve horrible!...
A mes yeux
Cachez-vous!...

ENSEMBLE.

(*Avec explosion générale.*)
RODOLFE.
C'est mon père! c'est lui!
Et d'horreur j'ai frémi!
Oui, l'enfer à ma main
Vient livrer l'assassin!
J'avais fait le serment
De répandre son sang...
De ce crime dépend
Le bonheur qui m'attend!

(*Avec fureur.*)
Non! plutôt le parjure,
Et fuyons loin d'eux tous!
Effroi de la nature
Et du ciel en courroux!

LE CHOEUR.
C'est Rodolfe! c'est lui
Dont la main a frémi!
Il hésite soudain...
Il s'arrête incertain...
Quel dessein menaçant,
Quel soupçon offensant
Le saisit à l'instant
Où l'hymen les attend?

(*Avec explosion.*)
Si c'était un parjure,
Par notre honneur à tous,
Il doit pour cette injure
Expirer sous nos coups!

AGNÈS, ANNA, URBAIN ET FRITZ.
C'est Rodolfe! c'est lui
Dont le cœur a frémi!
Il se trouble soudain...
Il s'arrête incertain...
O misère! ô tourment!
Lui qui m'aime, / l'aime, comment
Hésiter à l'instant
Où l'hymen nous / les attend!

(*Avec douleur.*)
Supplices que j' / qu'elle endure,
Mon / Son cœur vous brave tous,
Excepté le parjure
D'un amant, d'un époux!

PIERRE, *à Rodolfe, qu'il prend par la main.*
Quand l'autel est prêt... qui t'arrête?

RODOLFE, *hors de lui.*
Qui m'arrête?... ne vois-tu pas
La foudre au-dessus de ma tête,
Et l'abîme ouvert sous mes pas?
Serment fatal... dont je suis la victime!...
S'il me faut obtenir mon bonheur par un crime,

ACTE IV, SCÈNE V.

(En sanglotant.)
Je ne le puis... plutôt mourir, hélas!
Mais cet hymen...

TOUS.
Eh bien?...

RODOLFE.
Ne s'accomplira pas!

REPRISE DU MOTIF.

AGNÈS, *s'élançant près de lui.*
Qu'as-tu dit?

RODOLFE.
O tourments!

AGNÈS.
C'est par toi...

RODOLFE.
Dieu vengeur!

AGNÈS.
Que nos nœuds...

RODOLFE.
Je frémis!

AGNÈS.
Sont rompus!

RODOLFE.
O terreur!

AGNÈS.
Et pourquoi?
Par pitié...
Réponds-nous!...
Réponds-nous!

RODOLFE.
Sous mes pas...
Par pitié...
Sombre abîme...
Ouvrez-vous!

ENSEMBLE.

RODOLFE.
C'est mon père! c'est lui!
De terreur j'ai frémi!
Oui, l'enfer à ma main
Vient livrer l'assassin!
J'avais fait le serment
De répandre son sang!
De ce crime dépend
Le bonheur qui m'attend!
(Avec fureur.)
Non, plutôt le parjure,
Et fuyons loin d'eux tous!
Effroi de la nature,
Et du ciel en courroux!

LE CHŒUR.
Nœuds sacrés! quoi! c'est lui
Qui vous brise aujourd'hui!
Quoi! d'un cœur inhumain,
Il refuse sa main!
Il trahit son serment,
Et l'hymen qui l'attend...
Un affront si sanglant
Veut du sang... oui, du sang!...
(Avec explosion.)
Et félon et parjure,
Par notre honneur à tous,
Il doit pour cette injure
Expirer sous nos coups!

AGNÈS.
Nœuds sacrés! quoi! c'est lui
Qui vous brise aujourd'hui!
Il refuse, inhumain,
Mon amour et ma main!
Il trahit son serment,
Et mon cœur, cependant,
Tremble encore et défend
Celui que j'aimais tant!
O tourments que j'endure,
Mon cœur vous bravait tous,
Excepté le parjure
D'un amant, d'un époux!

LES CHEVALIERS *des deux partis, tirant l'épée du fourreau, et se rangeant, les uns autour de Moldaw, les autres autour de Luddorf.*
Plus de paix! plus de trêve!
En nos mains que le glaive
Venge enfin les affronts
Dont rougissent nos fronts!
Au combat! au combat!... le ciel sera pour nous!

PIERRE, *s'élançant au milieu d'eux.*
Insensés!... furieux!... le ciel vous maudit tous!

CHŒUR.
Plus de paix! plus de trêve!
En nos mains que le glaive
Venge enfin les affronts
Dont rougissent nos fronts!
Au combat! au combat!... le ciel sera pour nous!

(Les chevaliers ennemis vont s'élancer l'un sur l'autre; Agnès et les dames se jettent au devant de leurs pères ou de leurs maris, et Pierre au milieu d'eux tous. La toile tombe.)

FIN DU QUATRIÈME ACTE.

ACTE CINQUIÈME.

Le théâtre représente un site sauvage près du château de Moldaw. Au fond, sur une éminence, le tombeau de la Nonne sanglante; un peu plus haut, la chapelle de l'ermitage de Pierre l'Ermite.

SCÈNE PREMIÈRE.
LUDDORF, seul.

Mon fils me fuit en vain... ah! pour ce fils coupable
Je veux être aujourd'hui terrible, inexorable!...
Inexorable!.. moi!... Moi, parler de punir!...
Quand le ciel me poursuit, quand je me sens frémir
Sous le poids du forfait dont mon âme est brisée!
Malheur à moi!... d'Agnès je reconnais les coups!
Oui!... vingt ans de remords ne l'ont pas apaisée,
Et sur moi, sur les miens, elle étend son courroux!

AIR.

De mes fureurs déplorable victime,
Toi que jadis mon bras a fait périr,
Grâce! permets que je cache mon crime;
Qu'il te suffise, hélas! de le punir.
Ah! que mon fils, mon noble fils l'ignore;
Frappe, il est temps... je suis prêt à mourir!
Mais qu'en mourant du moins je puisse encore
Revoir mon fils, l'embrasser sans rougir!

(*Il va se prosterner au pied de la statue de la Nonne.*)

SCÈNE II.

NORBERG, ARNOLD, AMIS ET SERVITEURS *du comte de Moldaw; puis* LUDDORF *qui, en les entendant, descend de la montagne et les écoute.*

LUDDORF, à part.
Qu'entends-je?...
NORBERG ET LE CHOEUR.
Amis, avançons en silence...
Que la nuit protège nos pas!
Que le désir de la vengeance
Nous guide et dirige nos bras!
NORBERG, à Arnold qui entre.
Eh bien! Rodolfe?...
ARNOLD.
Eh bien! notre ennemi
Quittait ces lieux, laissant notre affront impuni...
NORBERG ET LE CHOEUR.
Il fuyait!...
ARNOLD.
Une ruse a retardé sa fuite,
Et va servir notre courroux :
« Arrêtez! ai-je dit; Pierre le saint ermite,
« A huit heures, ce soir, vous donne rendez-vous,
« Là-haut, à la chapelle!... » Il s'arrête, il hésite...
TOUS.
Eh bien?...
ARNOLD.
Il a promis de venir!
NORBERG.
Il viendra!

ARNOLD.
Nous l'y précéderons, et dès qu'il paraîtra,
Au pied du saint autel, et dans la nuit obscure,
Nos poignards dans son sein vengeront notre injure!
Courons l'attendre, amis, et songeons bien
Que l'honneur veut du sang, et qu'il nous doit le sien!
LUDDORF, au fond, à part.
Frapper mon fils!...

LE CHOEUR.
Amis, avançons en silence...
Que la nuit protège nos pas!
Que le désir de la vengeance
Nous guide et dirige nos pas!
LUDDORF.
Mon fils, mon fils... quand la vengeance
Contre ta vie arme leurs bras,
A moi de prendre ta défense
Et de conjurer le trépas !

(*Norberg, Arnold et les amis du comte de Moldaw montent les degrés de la chapelle, sans voir Luddorf, caché par le tombeau.*)

SCÈNE III.

LUDDORF, *puis* RODOLFE ET AGNÈS.

LUDDORF, *descendant les degrés du tombeau, et apercevant Rodolfe qui paraît à gauche du théâtre.*
Ah! prévenons mon fils!... Ciel! Agnès suit ses pas!
(*Il s'arrête.*)
AGNÈS, à Rodolfe, qu'elle suit.
Vous romprez le silence, ou ne partirez pas!

DUO.
Toi, Rodolfe, parjure et traître!...
Non, je ne peux te condamner,
Et de toi je veux tout connaître,
Pour te plaindre et te pardonner!
RODOLFE.
Non, non! je suis parjure et traître!
Et ton cœur doit me condamner!
Je pars, et tu ne peux connaître
Ces torts que tu veux pardonner...
AGNÈS.
C'est trop de résistance!
Romps ce cruel silence;
Mon honneur, qu'il offense,
T'ordonne de parler!
Ah! ma raison s'égare,
Et le destin barbare
Qui tous deux nous sépare,
Pour toi me fait trembler.

ACTE V, SCÈNE IV.

RODOLFE.
Moi! rompre le silence!
Non, le ciel, que j'offense,
Le ciel, en sa vengeance,
Me défend de parler!
Ah! ma raison s'égare,
Et le destin barbare
Qui tous deux nous sépare,
D'horreur me fait trembler...
LUDDORF, *à part, en se rapprochant.*
Quel tourment!
RODOLFE, *à Agnès, en lui montrant la statue de la Nonne.*
   Agnès, dont tu vois la statue...
Agnès, par un forfait au tombeau descendue...
LUDDORF.
Dieu! que dit-il?
RODOLFE, *continuant.*
« Agnès, par un arrêt cruel,
« N'aura de repos dans le ciel,
« Et nous, de bonheur sur la terre,
« Que par la mort du criminel... »
LUDDORF, *à part, avec terreur.*
Le connaît-il?
AGNÈS.
   Eh bien?
RODOLFE, *hors de lui.*
   Eh bien! dans sa colère,
Et pour frapper son meurtrier,
C'est moi qu'elle choisit!...
AGNÈS.
           N'es-tu pas chevalier!
Va, sois son vengeur...
RODOLFE.
      Moi!... je ne peux.
AGNÈS.
           Qui t'arrête?
RODOLFE, *égaré.*
J'ai peur!
LUDDORF, *à part, avec terreur.*
   Il sait tout!...
RODOLFE.
      Peur de la foudre en éclats
Qui déjà... l'entends-tu?... gronde sur notre tête!
Peur de moi-même!...
      (*Revenant à lui.*)
           Ah! qu'ai-je dit, hélas!
AGNÈS.
Achève! achève!..
RODOLFE.
      Adieu... ne m'interroge pas!
LUDDORF, *à part.*
Il sait tout... Eh bien! donc...
   (*Regardant du côté de la chapelle.*)
           Livrons-leur une vie
Que depuis si longtemps le remords a flétrie!
Oui, dérobons mon fils au trépas qui l'attend!
   (*Montrant Agnès et Rodolfe.*)
Pour tous deux, le bonheur!... Pour moi, le châtiment!
   (*Il gravit la montagne, s'arrête un instant devant le tombeau de la Nonne, puis continue à monter et entre dans la chapelle.*)

ENSEMBLE.

AGNÈS.
Coupable silence
Qui double l'offense;
Loin de ma présence
Va, fuis pour jamais!
Une telle audace
M'irrite et me lasse...
Va-t'en, je te chasse!
Va-t'en, je te hai!
Va-t'en pour jamais!
RODOLFE.
Ah! plus d'espéranc !
Mon fatal silence
A de sa vengeance
Redoublé les traits!
Trop justes menaces!
Comble de disgrâces!
Je pars, tu me chasses...
Je fuis pour jamais !
Adieu pour jamais!
(*Agnès va tomber sur le rocher dans le plus profond accablement; Rodolfe, qui s'éloignait, revien et se jette à ses pieds.*)
RODOLFE.
O disgrâce cruelle!
Mourir... mourir loin d'elle!
BRUIT ET VOIX, *dans la chapelle.*
Mort à Rodolfe!
AGNÈS.
   O ciel!
LE CHOEUR, *dans l'intérieur de la chapelle.*
           Le céleste courroux
Livre enfin l'infâme à nos coups!
AGNÈS.
Mort à Rodolfe!... ont-ils dit?
RODOLFE.
           Ah! qu'importe!
Ils demandent ma vie... eh bien! je la leur porte !
(*Il s'élance vers la chapelle au moment où Luddo en sort sanglant et poursuivi par les meurtrier Il se traîne jusqu'au tombeau de la Nonne, et vie tomber expirant entre les bras de son fils. Pier l'Ermite, le comte de Moldaw, soldats, page paysans, etc., accourent au bruit, et se pré pitent sur le théâtre avec des flambeaux.*)

SCÈNE IV.

LES PRÉCÉDENTS, PIERRE L'ERMITE, LE COM DE MOLDAW, SOLDATS, PAGES, PAYSANS, ETC.

RODOLFE, *à son père qu'il soutient.*
Ah! sur mon bras appuyez-vous...
   (*S'adressant aux meurtriers, qui sortent de la chapelle.*)
Vils assassins... je punirai le crime!

NORBERG, ARNOLD ET LES MEURTRIERS, *apercevant Rodolfe, et restant immobiles de surprise.*
Rodolfe!... ô ciel!... Qui donc est tombé sous nos coups?
LUDDORF.
Moi!... moi!... de leurs poignards volontaire victime!
(*Levant les bras au ciel.*)
Je t'implore, Dieu tout-puissant!
Ah! pour eux le bonheur, pour moi le châtiment!
(*S'adressant à la statue de la Nonne.*)
Agnès! Agnès! je meurs... ton courroux implacable...
LA NONNE, *du haut de son tombeau, et jetant son poignard.*)
Est apaisé!.. Ma lampe redoutable
Ne doit plus éclairer ici que des heureux!

(*Regardant Luddorf qui est à ses pieds.*)
Par le trépas, réunis tous les deux,
Viens!... J'espère obtenir, aux pieds du divin Maître,
Mon pardon... et le tien peut-être!...
(*La Nonne s'élève au milieu d'un groupe de nuages dans lequel Luddorf disparaît.*)

CHŒUR GÉNÉRAL. (*A genoux.*)

O clémence ineffable!
Daigne les accueillir...
La vertu du coupable
Est dans le repentir.

FIN.

LAGNY. — Imprimerie de VIALAT et Cie.

EN VENTE CHEZ LE MÊME ÉDITEUR :

Titre	Prix
L'Aïeule,	75
Un Monstre de Femme,	60
La Jeunesse de Charles-Quint,	60
Le Vicomte de Létorières,	60
Les Fées de Paris,	60
Pour mon fils,	60
Lucienne,	60
Les jolies Filles de Stilberg,	60
L'Enfant de Chœur,	60
Le Grand Palatin,	60
La Tante mal gardée,	60
Les Circonstances atténuantes,	60
La Chasse aux Vautours,	60
Les Batignollaises,	60
Une Femme sous les Scellés,	60
Les Aides de Camp,	60
Le Mari à l'essai,	60
Chez un Garçon,	60
Jaket's-Club,	60
Mérovée,	60
Les deux Couronnes,	60
Au Croissant d'Argent,	60
Le Château de la Roche-Noire,	60
Mon illustre ami,	60
Talma en congé,	60
L'Omelette Fantastique,	60
La Dragonne,	60
La Sœur de la Reine,	60
La Vendetta,	60
Le Poë'e,	60
Les Informations Conjugales,	60
Le Loup dans la Bergerie,	60
L'Hôtel de Rambouillet,	60
Les deux Impératrices,	60
La Caisse d'Épargne,	60
Thomas le Rageur,	60
Derrière l'Alcôve,	60
La Villa Duflot,	60
Péroline,	60
La Femme à la Mode,	60
Les égarements d'une Canne et d'un Parapluie,	60
Les deux Anes,	60
Foliquet, coiffeur de Dames,	60
L'Anneau d'Argent,	60
Recette contre l'Embonpoint,	60
Don Pascale,	60
Mademoiselle Déjazet au Sérail,	60
Touboulu le Cruel,	60
Hermance,	60
Les Canuts,	60
Entre Ciel et Terre,	60
La Fille de Figaro,	60
Métier et Quenouille,	60
Angélique et Médor,	60
Loïsa,	60
Jocrisse en Famille,	60
L'autre Part du Diable,	60
La Chasse aux Belles Filles,	60
La Salle d'Armes,	60
Une Femme compromise,	60
Patineau,	60
Madame Roland,	60
L'Esclave du Camoëns,	60
Les Réparations,	60
Mariage de Gamin de Paris,	60
Veille du Mariage,	60
Paris bloqué,	60
Un Ménage Parisien,	60
La Bonbonnière,	60
Adrien,	60
Pierre le Millionnaire,	60
Carlo et Carlin,	60
Le Moyen le plus sûr,	60
Le Papillon Jaune et Bleu,	60
La Polka en province,	60
Une Séparation,	60
Le roi Dagobert,	60
Frère Galfâtre,	60
Nicaise à Paris,	60
Le Troubadour-Omnibus,	60
Un Mystère,	60
Le Billet de faire part,	60
Fulcinelle,	60
Florina,	60
La Sainte-Cécile,	60
Follette,	60
Deux Filles à Marier,	60
Monsieur,	60
A la Belle Étoile,	60
Un Ange tutélaire,	60
Un Jour de Liberté,	60
Wallace,	60
L'Écolier d'Oxford,	60
L'Oiseau du Bocage,	60
Paris à tous les Diables,	60
Une Averse,	60
Madame du Cérigny,	60
Le Fiacre et le Parapluie,	60
Morale en action,	60
Liberté Libertas,	60
L'Ile du prince Toutou,	60
Mimi Pinson,	60
L'Article 170,	60
Les Viveurs,	60
Les deux Pierrots,	60
Seigneur des Broussailles,	60
Deux Tambours,	60
Constant la Girouette,	60
L'Amour dans tous les Quartiers de Paris,	60
Madame Bugolin,	60
Petit Poucet,	60
Camoëns,	60
Escadron volant de la Reine,	60
Le Lansquenet,	60
Une Voix,	60
Agnès Bernan,	60
Amours de M. et Mme Denis,	60
Porthos,	60
La Pêche aux Beaux-Pères,	60
Révolte des Marmousets,	60
Le Troisième Mari,	60
Un premier Souper de Louis XV,	60
L'Homme à la Mode,	60
Une Confidence,	60
Le Ménétrier,	60
L'Almanach des 25,000 Adresses,	60
Une Histoire de Voleurs,	60
Les Murs ont des Oreilles,	60
L'Enseignement Mutuel,	60
La Chaîbonnière,	60
Le Code des Femmes,	60
On demande des Professeurs,	60
Le Pot aux Roses,	60
La Grande Bourse et les Petites Bourses,	60
L'Enfant de la Maison,	60
Riche d'Amour,	60
La Comtesse de Moranges,	60
L'Amazone,	60
La Gloire et le Pot-au-Feu,	60
Les Pommes de terre malades,	60
Le Marchand de Marrons,	60
V'là ce qui vient d'paraître,	60
La Loi salique,	60
Nuage au Ciel,	60
L'Eau et le Feu,	60
Beaugaillard,	60
Mardi gras,	60
Le Retour du Conscrit,	60
Le Mari perdu,	60
Dieux de l'Olympe à Paris,	60
Le Carillon de Saint-Mandé,	60
Geneviève,	60
Mademoiselle ma Femme,	60
Mal du Pays,	60
Mort civilement,	60
Garde-Malade,	60
Fruit défendu,	60
Un Cœur de Grand'Mère,	60
Nouvelle Clarisse Harlowe,	60
Place Ventadour,	60
Nicolas Poulet,	60
Roch et Luc,	60
La Protégée sans le savoir,	60
Une Fille Terrible,	60
La Planète à Paris,	60
L'Homme qui se cherche,	60
Maître Jean,	60
Ne toucher pas à la Reine,	60
Une année à Paris,	60
Irène ou le Magnétisme,	60
Amour et Bigeron,	60
Un Carnaval,	60
Bal à Bastringue,	60
Un Bouillon d'onze heures,	60
Cour de Bisocrate,	60
D'Aranda,	60
Femme qui se jette par la fenêtre,	60
Avocat Pédicure,	60
Trois Paysans,	60
Chasse au Jabard,	60
Mademoiselle Grabutot,	60
Père d'occasion,	60
Croquinpoche,	60
Henriette et Charlot,	60
Le Chevalier de Saint-Remy,	60
Malheureux comme un Nègre,	60
Un Vœu de jeune Fille,	60
Secours contre l'Incendie,	60
Chapeau Gris,	60
Sans Dot,	60
La Syrène du Luxembourg,	60
Homme Sanguin,	60
La Fille obéissante,	60
Tantale,	60
Deux Loups de Mer,	60
Olaéa,	60
La Croisée de Berthe,	60
La Filleule à Nicot,	60
Les Charpentiers,	60
Mademoiselle Faribole,	60
Un Cheveu blond,	60
Les Impressions de Ménage,	60
L'Homme aux 160 Millions,	60
Pierrot Posthume,	60
Le Dé,	60
Une Existence décolorée,	60
Elle... ou la Mort !	60
Uder l'honnête Homme,	60
L'Enfant de quelqu'un,	60
Les Chroniques Bretonnes,	60
Haydée ou le Secret,	60
L'Art de ne pas donner d'Étrennes,	60
Le Puff,	60
La Tireuse de Cartes,	60
La Nuit de Noël,	60
Christophe le Cordier,	60
La Rose de Provins,	60
Les Barricades de 1848,	60
34 Francs ! ou sinon !...,	60
La Foi du Matelot,	60
Les deux Pommades,	60
La Femme blessée,	60
Les Filles de la Liberté,	60
Hercule Bonhomme,	60
Don Quichotte,	60
L'Académicien de Pontoise,	60
Ah ! Enfin !	60
La Marquise d'Aubray,	60
Le Gentilhomme campagnard,	60
Le Foureux,	60
Le Chevalier de Beauvoisin,	60
Le Gentilhomme de 1847,	60
La Rue Quincampoix,	60
La République de Platon,	60
Le Club des Maris,	60
Octar XXVIII,	60
Une Chaîne Anglaise,	60
Un Petit de la Mobile,	60
Histoire de rire,	60
Les vingt sous de Parinette,	60
Le Sergent de la Paroisse,	60
Agénor le Dangereux,	60
Roger Bontemps,	60
L'Été de la Saint-Martin,	60
Jeanne la Folle,	60
Les suites d'un Feu d'Artifice,	60
O Amitié ! ou les trois Époques,	60
La Propriété, c'est le Vol,	60
La Poule aux Œufs d'Or,	60
Élevés ensemble,	60
L'Hôtellerie de Genève,	60
A bas la Famille ou les Banquets,	60
Daniel,	60
Le Voyage de Nannette,	60
Titine à la Cour,	60
Le baron de Castel-Sarrasin,	60
Madame Murnette,	60
Un Gendre aux Épinards,	60
Madame veuve Larifla,	60
La Reine d'Yvetot,	60
Les Manchettes d'un Vilain,	60
Le Duel aux Mauviettes,	60
Les Filles du Docteur,	60
Un Turc pris dans une porte,	60
Les Grenouilles qui demandent un Roi,	60
Ce qui manque aux Grisettes,	60
La Poésie des Amours et...,	60
Les Viveurs de la Maison-d'Or,	60
Un Troupier dans les Confitures,	60
Ma Tabatière,	60
Gracioso,	60
E H,	60
Trompe-la-Balle,	60
Un Vendredi,	60
Le Gibier du Roi,	60
Beda-Street,	60
Adrienne Lecouvreur,	60
Sans le Vouloir,	60
Les Femmes socialistes,	60
Le Mobilier de Bambèche,	60
Les Beautés de la Cour,	60
La Famille,	60
L'Harimbeau,	60
Un Cheveu pour deux têtes,	60
L'Ane à Baptiste,	60
Les Prodigalités de Bernerette,	60
Les Bourgeois des Métiers,	60
La Graine de Mousquetaires,	60
Le Faubourg de Paris,	60
La Montagne qui accouche,	60
Le Juif-Errant,	60
Adrienne de Carotteville,	60
Un Socialiste en Province,	60
Le Marin de la Garde,	60
Une Femme qui a une jambe de bois,	60
Mauricette,	60
Une Semaine à Londres,	60
Le Cauchemar de son propriétaire,	60
Le Marquis de Carabas,	60
La Ligue des Amants,	60
Les Sept Billets,	60
Passe-temps de la Duchesse,	60
Les Cascades de Saint-Cloud,	60
Lorettes et Aristos,	60
Les Compatriotes,	60
Un Tigre du Bengale,	60
Le Congrès de la Paix,	60
Les Représentants en vacances,	60
Les Grands Écoliers en vacances,	60
Un Intérieur comme il y en a tant !	60
Le Moulin Joli,	60
La Rue de l'Homme-Armé,	60
La Fée aux Roses,	60
Babet,	60
Un Lièvre en servage,	60
Évelyne,	60
Trumeau,	60
Mademoiselle Carlton,	60
L'Héritier du Czar,	60
Rhum,	60
Les Associés,	60
Les Fredaines de Troussard,	60
Les Partageux,	60
Daphnis et Chloé,	60
Malbranchu,	60
La fin d'une République,	60
La Croix de Saint-Jacques,	60
Paris sans impôts,	60
Un Quinze-Vingt,	60
Les Gardes françaises,	60
Les Vignes du Seigneur,	60
La Perle des Servantes,	60
Un ami malheureux,	60
Un de perdu, une de retrouvée,	60
La République des lettres,	60
Figaro en prison,	60
La Dame de Trèfle,	60
Le Ver luisant,	60
Les Secrets du Diable,	60
Deux vieux Papillons,	60
La Mariée de Poissy,	60
L'Homme aux Souris,	60
La Baiser de l'Étrier,	60
Planète et Satellites,	60
Héloïse et Abailard,	60
Une Veuve inconsolable,	60
A la Bastille,	60
Jean Bart,	60
Les Papillotes de dame Charlotte,	60
Le Jour de Charité,	60
Un Fantôme,	
Les Nains du Roi,	60

SUITE DU CATALOGUE.

Title	Price	Title	Price	Title	Price
Les [...] Bacon.	»	Une rivière dans le dos.	60	Les Contes de la Mère-l'Oie.	60
Les Sociétés en [...]	60	Cinq Gaillards dont deux		L'Antichambre en Amour.	60
Le Chevalier de Servigny.	60	Gaillardes.	»	La Fiancée du Diable.	1 »
C'en était un	60	Un Frère terrible.	60	En trois Visites	60
Les trois Bandon.	60	Une Vengeance.	60	Canucke, ou le Chien de la	
Carabin	»	Une petite Fille de la Grande		Chaumière.	60
La première Chanson de Guillot.	60	Armée.	60	L'Automne d'un Farceur.	60
Mephistophélès.	60	La Fille d'Hoffmann.	60	Un Provincial qui se forme.	60
L'Alchimiste.	60	Un soufflet n'est jamais perdu.	60	La Danseuse espagnole.	60
Le père Nourricier.	60	Les Femmes de Gavarni.	»	Un Spahi	50
Grisou acheté par Ravel.	60	La Maîtresse d'été et la Maî-		La Fille Mousquetaire.	60
La Société du Doigt dans l'Œil.	60	tresse d'hiver.	60	Le Fauconnier.	60
L'Hôtesse de Saint-Éloy.	60	Les Éclopés du mari.	60	La Dette et la Dot.	60
La Fille bien gardée.	60	Les Néréides et les Cyclopes.	60		
Le Jour et la Nuit.	60	Poste restante.	60		
Plaisir et Charité.	60	Le Portier de sa Maison.	60		
Marié au second Garçon au		Les Compagnons d'Ulysse.	60		
cinquième.	60	Le Roi des Drôles.	60		
Un Bal en robe de chambre	60	La Mère Moreau.	60		
Ne Coiffé	60	La Queue du Diable.	60		
Le Ménage de Rigolette.	60	Le Bal de la Halle.	60		
Le Pont Cassé	60	Méridien.	60		
Un Valet sans Livrée.	60	La première Maîtresse.	60		
Le Paysan.	60	La Jolie Meunière.	60		
Charles le Téméraire.	60	La tante Ursule.	60		
L'Anneau de Salomon.	60	Mademoiselle de Navailles.	60		
Supplice de Tantale.	60	Prunes et Chinois.	»		
Les Infidélités Conjugales.	60	Histoire d'une Femme mariée.	60		
Les Petits Moyens.	60	Les Mystères d'Udolphe.	1 »		
Les Escargots sympathiques.	60	Une Poule Mouillée.	»		
La Grenouille du Régiment.	60	Sullivan.	»		
Les Tentations d'Antoinette.	60	Taconnet.	60		
La baronne Bergamotte.	60	Alice ou l'Ange du Foyer.	60		
Les Extases de M. Hochepez.	60	Marco Spada.	»		
Le Journal pour rire.	60	Tabarin.	60		
Le Renard et les Raisins.	30	Les Abeilles et les Violettes.	60		
La Belle au Bois dormant.	»	Le Lutin de la Vallée.	60		
La Course aux Pommes d'Or.	»	Le Baromètre des Amours.	60		
Christian et Marguerite.	60	Meublez donc votre immeuble!	60		
L'Avocat Loubet.	60	Le Miroir.	»		
Royer-Tambour.	»	Richesium.	»		

EN VENTE

CHEZ LE MÊME ÉDITEUR ET CHEZ TOUS LES LIBRAIRES

LES DRAMES DU FOYER

Par MM. [...] — Un vol. format Charpentier. Prix 3 fr. 50 c.

www.ingramcontent.com/pod-product-compliance
Lightning Source LLC
Chambersburg PA
CBHW070540050426
42451CB00013B/3107